FLOR DE SANGRE

ExLibric

DANIEL RUIZ SALAMANCA

FLOR DE SANGRE

EXLIBRIC
ANTEQUERA 2024

FLOR DE SANGRE
© Daniel Ruiz Salamanca
Diseño de portada: Dpto. de Diseño Gráfico Exlibric

Iª edición

© ExLibric, 2024.

Editado por: ExLibric
c/ Cueva de Viera, 2, Local 3
Centro Negocios CADI
29200 Antequera (Málaga)
Teléfono: 952 70 60 04
Fax: 952 84 55 03
Correo electrónico: exlibric@exlibric.com
Internet: www.exlibric.com

ISBN: 978-84-10297-72-2
Depósito Legal: MA 2364-2024

Impresión: PODiPrint
Impreso en Andalucía – España

Nota de la editorial: ExLibric pertenece a Innovación y Cualificación S. L.

DANIEL RUIZ SALAMANCA

FLOR DE SANGRE

En memoria de Sandra Reyes Ojer,
que merecía algo mejor.

«Como las plantas, así crecen los hombres,
algunos en la luz, otros en la sombra».

C. G. JUNG

SOBREDOSIS POÉTICA

No tiene nada de romántico
tu beso de tabaco,
tu abrazo anémico,
tu cuchilla de afeitar.
El amor es mi única droga,
mi cáncer terminal,
mi última esperanza.
No creo en tu palabra homicida,
ni en tu caricia envenenada,
ni en tu promesa caducada.
Solo el deseo puede matarme,
desangrar mis venas,
pudrir mi alma en la eternidad.

LAMIENDO TU SONRISA VERTICAL

Encontré una esquina donde refugiarme del frío
y busqué en tu chaqueta de plumas,
porque quería llegar a tu carne perfumada.
Necesitaba apoyar mi cabeza sobre tu vientre caliente
y olvidar un rato el dolor de toda una vida.
La furia salió a devorarme.
Fue abriendo mi cuerpo a machetazos,
apartando la maleza de mis pensamientos,
escrutando en mis vísceras el primer poema,
ese que nació del deseo no correspondido,
mientras tú seguías ebria de locura.

CAMAS VACÍAS

Tu cuerpo puede llenar mi cama
cercada por abismos y olas gigantes.
Puede calentar mi piel mojada
por las pesadillas que habitan en los cuadros.
Tu cuerpo puede ocupar ese vacío
donde flota, perdida,
la maldita hora de mi muerte
en ese aire invisible de las noches.
He seguido el hilo de tus ojos
para salir del laberinto verde
y tus frescos labios de niña
me han quitado este dolor de adulto.

DIANA

Me perdí en la letanía de tu credo.
Elegí no tener que elegir.
Tuve que dejarte ir,
olvidar tu voz,
cerrar la ventana,
correr las cortinas.

Fuera del templo

Me has dicho que no me quieres
y mis ojos se han quebrado
como dos cristales de bohemia.
Y mi cuerpo ha cedido deshecho,
esparcido por un aire glacial.
Me has dicho que no me necesitas,
aunque sigo las huellas de tus pasos
sobre la arena mojada más oscura.
Y las olas de bronce sosegadamente
van lamiendo los bordes astillados
de mi pobre alma naufragada.

PRESENTIMIENTO

Sé que me estás leyendo
a mis espaldas
y me encuentro mal,
sin garantías de besarte,
sin esperanzas de poder abrazarte
bajo la lluvia roja.
Sé que me estás leyendo
a mis espaldas
y mis palabras te calan los huesos,
te dejan mojada y desnuda,
como una sirena
varada en el olvido.

CORAZÓN LACERADO

No tuve cojones para apretar el gatillo
ni el valor para alejarme.
Te quise porque no deseaba quererme
y por todo lo que fui estando contigo.
Valió la pena fundirme
en tu boca de loba.
Volverme esquizofrénico buscando
el santuario de tus ojos.

LA CASA DE LOS REPTILES

Mariposas monarcas y estorninos iridiscentes
se cuelan en tu corazón de niña.
Pero el reptador nocturno huele la sangre
y los cadáveres estelares
van girando dentro de sus ojos locos.
El reptador emboscado sale de su cloaca,
va metiendo su mano en la boca de las gárgolas,
notando la sensación húmeda de la lluvia vomitada.
Ella siempre encuentra una oquedad
donde esconderse, se aferra
a las cuerdas vocales de los dioses,
cuando los huracanes acechan
barriendo todas las identidades.

MITLA

Toda nuestra vida metida en cajas.
Mudamos los huesos, pero queda la memoria ajada.
Dormimos en un coche con aviso de grúa.
Pedimos limosna en sucias aceras.
La playa estaba repleta de conchas vacías
de personas desaparecidas.
Así que nos arrastramos hacia el templo
donde siempre, siempre es de noche,
igual que el útero de una madre herida
suplicando por sus hijos muertos.
Exactamente igual que una caricia larguísima
cargada de ternura y derrota.

BALA PERDIDA

Yo nunca tomé precauciones.
Siempre cavé mi propia tumba.
Me enamoré de todo lo imposible.
Me equivoqué a propósito.
Dediqué mi vida a perseguir la quimera.
Aborrecía la compasión y la caridad.
Desprecié la mentira y escupí al hipócrita.
Denuncié la injusticia y besé al suicida.
Maldecí a toda aquella que se atrevió a quererme.
Olvidé mi nombre, mi patria y mi destino.
Aprendí que nada puede salvarnos, excepto el cariño.

LOS CUADERNOS ENTERRADOS

El trompetista huesudo toca su triste melodía.
Quiero quedarme aquí contigo, bebiendo esta cerveza
sin pensar en nada, en nada,
esperando a que el atardecer arrase nuestros ojos.
Escuchamos las estridulaciones de los insectos
en las calurosas noches de verano,
sonidos que desatan mi locura y acentúan el crimen.
Quiero satisfacerme con el tacto de tu piel
y desaparecer en la nebulosa de los fumadores.

LÁZARO

Íbamos al parque a sacar a los muertos.
Porque tú ya no querías mis abrazos.
Porque no querías besar mis labios.
Íbamos al parque a sacar a los muertos.
Y los perros lamían los pelados huesos.
Y los renacuajos saltaban en los charcos.
Íbamos al parque a sacar a los muertos.
Salían con ataúdes de madera podrida.
Salían con los gusanos pegados a la memoria roída.
Al parque de antes,
ese con rosas rojas y peceras negras.

LA HERIDA

A David de la Sierra-Llamazares

Besé el tejido de tu cicatriz
y un pedazo de alma
asomaba por tus labios.
Bebía el sediento sin sed
de una fuente de sangre solitaria
en medio de la noche.
Dos seres oscuros
regábamos las plantas carnívoras,
dando largos paseos
hacia un mar invisible.

ALGO EN EL CAMINO

Qué triste es la luz de la tarde
reptando por las ventanas de tus ojos.
El horror es despertar abrazado
al esqueleto que nos dejó el amor.
Entonces la muerte se sienta
en su abandonada silla de mimbre,
porque, ahora mismo, tiene dieciséis años
y todos soñamos con saltamontes negros.

DEMENCIA

Mis pies descienden en el abismo
de unos ojos con prismas azules,
Estoy muerto y ellos lo saben.
Termino en el gemido de un animal hambriento
como un grandioso diente que engendra días,
tonalidades albinas, voces, entrañas,
como una playa silenciosa para llorar.
Es impredecible el nervio, la mano que espanta,
el invierno.
Tan solo quiero llegar a ti,
buscar el borde de tu pelo crepuscular, herido,
inquieto,
y dejar las piernas sobre el suelo
como cóncavas cavernas del comienzo
y oír su propia sangre latir en mi cerebro.
Amad mis pasos lentos, niebla, asedio.
Amad mis blancos pasos
ya cansados del cansancio,
donde los locos son eléctricos.

Primera tumba

Todas las cosas que le han pasado
vencen su ánimo por inercia.
El peso ha lastrado sus alas,
el equipaje despellejado le ha pinchado los ojos,
esos ojos que huelen a rastrojos quemados
con una mirada perdida, yerma.
Cuando en el ocaso el cansancio es una paliza
y cada herida se convierte en una costra, una cicatriz,
una advertencia.
Desesperada, trata de volver a la poesía,
a esa poesía ya violada y amordazada y doliente,
como si un disparo paralizara el mundo,
congelara la vida en un instante sordo
donde te atraviesa un relámpago.

MI LUTO DE PÁJARO

Mi padre me dijo que aguantara el insulto,
aunque la soga me apretara la nuez.
Me dijo que soportara toda tristeza inhumana,
porque el dolor es un tajo veloz en la piel
que escuece aún más en el recuerdo.
Afuera, las amapolas se desangraban
y el conejo blanco buscó un lugar solitario
para morir tranquilo.
Él me dijo que aquel mal pasaría;
que el amor radiactivo vagaría lejos,
contaminando otros corazones sombríos.

Aurora desnuda

El deseo es una mancha de carmín,
una braga arrancada, un chupetón en el cuello
y se mezcla con la saliva,
con el arañazo en la espalda, deseo entrelazado
con la caricia en el pelo, con la espiral de la lengua.
Nos prende fuego por dentro incendiando los ojos.
Todo en ti es un deseo que arde,
que nos quema los cuerpos, como una combustión
de toda perversión secreta y de su eterna llamarada
reduciéndonos a cenizas.

LA OSCURIDAD DE UN VIENTRE

Follar contigo ya no es una opción.
El vínculo se extravió sobre la arena.
No puedes buscarme sin adquirir sufrimiento.
La lluvia manifiesta nuestra pena en una balsa
donde se ahogan los niños de piedra.
Tú elegiste el camino que me asustaba
para que no pudiera seguirte, liarme entre tus piernas
como una planta de profundas raíces.
Decidiste desparecer sin dejar carta, sin llamar
al anémico teléfono de la pared, sin el olor de tu alma
impregnando mis sábanas mojadas,
derramadas de insomnio.

REDENCIÓN

El devorador de pecados bebe
las lágrimas de los niños muertos.
Las nubes desgarradas por una zarpa invisible.
Unos mares de cardos se elevan
con sus coronas malvas,
y el olor a sarmientos quemados nos llega
desde cuatro columnas oscuras.
Mi madre me tumba en su almohada,
porque yo quiero ser de plata,
para no inyectarme más locura.
Cuando estalló la soledad enorme,
aprendí a llorar recogiendo trozos de carne
mientras los monstruos me miran.
Mi madre es un canto de dolor
al despuntar el sol, al romper el día
como una primera sangre salvaje.
Ella tenía ojos minerales, colmillos de loba,
me amantaba con lumbre de su fiebre.

1997

Estoy temblando por un chute de tu piel,
soy un monstruo sediento de ti.
Sobre el precipicio, desciendo en un vuelo sin red.
Me propago como una rara enfermedad.
Hacia tu boca siempre, siempre ciego de amor
con un corazón en llamas, que estalla
en mil colores luminiscentes, mientras que la luna
aúlla y un negro telón me apaga los ojos.

17

Mariposa de luz,
que besas mis párpados al despertar.
No te preocupes,
si para comer solo nos queda
un pastel de cebolla.
Yo me alimento del tacto de tus labios
y tú bebes de mi corazón vagabundo.
Ahora soy adicto a tu piel,
estoy enamorado de cada hebra suave
de tu infinito pelo castaño.
Nos libramos del frío invierno
de habitaciones solas,
escuchando a la lluvia
que nos recuerda juntos,
porque alguien tendrá que acordarse
de nuestras jóvenes voces al viento.
Nos damos la mano
para imaginarnos un París malva.
Toda tu piel atesora la ternura de un niño.
Voy despacio,
desde la caricia de tu mejilla alegre
con las yemas de mis dedos,
hasta el «te quiero»

susurrado en tu oído derecho.
Encuentro tu bello latido
cuando descansas sobre la fresca
y menuda hierba del parque,
donde te amo sin esfuerzo
y donde el aleteo de una golondrina
celebra el misterio de los días.
¿Añoras aquella casa
en la que habitamos desnudos?

II

Seguro que sí, mi hermosa ninfa.
Vimos todo el universo vaciado en un pozo chico.
Las estrellas nos mostraron la suerte de seguir vivos.
Ahora, te prometo una playa,
con su mar, con sus veleros.
Déjame ser tu amuleto.
El mundo entero nos espera
para montar sus caballos blancos, sin miedo.
Como si nos fascinara por primera vez
la delicadeza de un pétalo perfumado
o un relámpago brillando en la noche más oscura.
Volveremos al pueblo donde nacimos.
Llevo tu mirada llena de atardeceres.
Palpo tu extraña cicatriz de tristeza,
esa quemadura lejana, dibujada en tu espalda.
Porque quiero callarme contigo
y que nuestro silencio se oiga
por todos los campanarios azules.

Besos mariposa

No caminaré una milla sin amor.
Amor sin cáscara habitada,
sin labios besados.
Amor sin censura,
peregrino en llamas,
sueño rodante.
No caminaré una milla sin amor.
Tumbé mi caballo negro
en el tablero de ajedrez.
Amé su fantasma,
cabalgando sobre la nada.
No caminaré una milla sin amor.
Ella encendió las torres de mis ojos,
pero la muerte conoce la cama donde duermo.

PRISMA

En la ciudad fantasma
había centenares de lobos,
pero tengo a mi niño de ojos verdes.
Sé que mi vida transcurre
en una colmena de personas olvidadas.
Esa oscuridad solo mía, latente,
como un veneno veloz.
Esta sangre que llevo a todas partes
merece regar la violencia de los días,
días iguales que palomas de aguacero.
Aquel que entiende mis poemas
es tan antiguo como las lenguas,
las lenguas de las mariposas.

VIDAS DESORDENADAS

Hay rosas negras con labios de carmín
creciendo en solitarias plazas de armas.
Parques llenos de griterío.
Pájaros que invocan nombres que se han ido.
Hay mujeres cargadas con maletas de lluvia
y correspondencias amarillas,
guardadas en cajas de zapatos.
Lugares sombríos donde los pálidos jóvenes
comparten el fuego en sus venas.

DEMASIADO HUMANO

Eres un oriundo de la tristeza.
Inmolas tu corazón en un pasado
que ya no existe.
Exorcizas los demonios
con el grito del vagabundo.
Secretamente te he amado
bajo el fuego enemigo.
Pero te escondes en ese paisaje terrible
de fantasmas sobre los árboles.
Tierras hambrientas de huesos de madres.
Arenas volcánicas donde el hijo
entierra un rabo de lagartija.

CARNE O PESCADO

Quise salvar el pellejo.
Borrar tu teléfono.
Olvidar tu horóscopo.
Usé tu sujetador de paracaídas.
Entre las nubes desnudas
pacté con el diablo.
Quemé todos mis poemas de amor
en una hoguera de llamas azules.
Soñé con los ojos de los cocodrilos
mientras me tocaba, pensando en ti.

2002

Llamadas nocturnas a Brest
que suenan a desesperación.
Hablando con Manu en inglés
y sin noticias de ti.
En la isla de la locura,
una mujer morena
parió serpientes de cascabel.
El mar abierto, con olas oscilantes
que mojan mis cartas urgentes.
Seguí haciéndote daño
durante el mes de septiembre.
Suplicándote, a 420 kilómetros de mi casa.
Pero fui rehén de tu voz,
tu voz imperiosa me reclamaba
como un ángel exterminador.

LOS PUEBLOS NEGROS

Amo tu sombra esquiva
en la luz de las tardes
que nos calientan los hombros.
Mi vida no se parece a la tuya,
porque siempre hablé con los monstruos
que nos habitan, porque soy adicto al caos.
Extrañas fluctuaciones emanan
de fachadas misteriosas de pizarra negra.
Los cuervos rondan los parques.
La escuela conserva aún en sus muros
los dibujos de pollas y de corazones con tiza.
Paul escribió su último libro sobre el azar
y la soledad del martillo.
Cuando todos duermen,
el silencio es una suerte de guadaña
que va segando los ruidos inútiles.
Ya estamos encerrados en una jaula,
dentro de una celda, dentro de una prisión.

CABEZAS DE ANIMALES

Flores azules bajo el cielo nocturno.
Escribo para los fantasmas
de corazones devastados,
para las almas devoradas a dentelladas,
para aquellos que aúllan por una soledad perenne.
Alguien estaba herido de muerte,
atrapado en un cepo para osos
y gritaba, gritaba, gritaba.

DESGARRADURA

Alguien entrando en la muerte
encuentra mi vida a ras de suelo,
preguntándole al polvo
en este gran desierto del dolor
cuándo vendrán los chacales.
Estamos solos y algunos
eligieron dejar de respirar.
Los hombres del pelo ardiendo
desgarraron la tela de mi vieja herida
para purgar toda la sangre oscura.

UN POEMA PROHIBIDO

Mi alma tiene aristas
en los paisajes de la lluvia.
Yo escribo para la noche
y su carrusel de pesadillas.
En el café de la juventud perdida
bebo paloma y pienso en tu sexo.
He cumplido condena de tu ausencia.
Penitente es aquel que cambia
sus ojos por un beso.
Toda verdad desnuda nuestras mentiras.

¿QUÉ OLAS NO TE AHOGARON?

A Paula

Tú naciste con el mundo en llamas
y rodeada de paredes frías.
Eras princesa y vagabunda
de los condenados a muerte.
Encontraron a los ponedores de calles
borrachos de pena y prendados de tu olor.
Yo te vi esa noche
quiero decir, que vi a una muchacha de rojo
frente a una casa amarilla
sobre una negra montaña.

Almas muertas

Sabes que el dolor nos quita cosas,
que la muerte es la gran talladora de huesos.
Más allá del muro amarillo,
quise yo gritar hasta deshacerme.
Puedes golpear la tierra con furia,
pero todos los cuerpos están llenos de espejos.
Un fumador a la sombra del café
lleva una pistola con empuñadura de marfil.
Manchas de sangre y restos de esperma
dejaron los amantes en su nido de saliva.
Aquí la vida pasa como un tren sin frenos,
mientras que las polillas
se chocan contra una bombilla encendida.

En el nombre del hijo

Tu sonrisa pícara sobrevive
al horror del hombre.
Dame tu mano en este campo de amapolas
con dinosaurios ahogados por sus lágrimas.
Sabes que tengo obsesiones, laberintos, humaredas,
pero tu mirada verdemar germina
en el antiguo lugar de mi corazón.
Ven, tesoro mío, buscaremos una sombra
para contar los cromos, para mirar los cabellos
de las niñas, tendidos al sol.
Nunca más nos haremos daño.
Tú eres mi prolongación en el camino,
porque llevo tu nombre en mi sangre
y porque no tenemos más patria
que nosotros mismos.

MÁSCARAS

La mano azul me arrancó el corazón.
Necesitas una habitación privada para llorar.
Necesitas un árbol de vidrio
para esconderte de los adultos.
Sabes que hay oro dentro de tu piel.
Te he dicho que soy el juez,
el leñador de cuerpos.
Y canto para los que se han ido,
para aquellas voces que se fueron
sin dejar rastro.

URDIMBRE

Mis fugas hacia el este.
Escapadas en antiguos vagones
incubando una enfermedad invisible.
Aterido a mi única compañía femenina.
Debimos sangrar en los trayectos largos
contra la turba de los ignorantes;
sangrar contra el rompeolas,
donde el mar estira sus brazos
para llevarse a los locos.
Los turistas nos tiran migas de pan.
Somos piedras rodantes
sobre los ojos carnales.
Nos fulmina el rayo de una oscuridad total.
La bruja nos guía por los senderos de la locura.
Y después, el silencio de la nieve.

JODIDAMENTE TARDE

Ya no quiero besar tus labios alcohólicos
ni mirar tus ojos llenos de kilómetros.
Bebimos depresión a grandes tragos
y vomitamos un corazón azul oscuro casi negro.
Estuve libando el jugo de tu piel
sobre las cimas de la desesperación.
Tu sonrisa amarga me empujó al precipicio,
pero no pudiste matarme.

Huesos rotos

Invoca una canción para romper el tiempo.
Mis pies rabiosos de dolor son abandonados
en un campo abierto en canal.
Tu mirada está clavada en paredes ocres
y me abraza una serpiente de fuego.
Cuando tengo la noche en las venas,
tu respiración en mi cara
me anuncia que sigo vivo.
Hay tres cuerpos en un arcón.
La muchacha de las amapolas
revienta parásitos de luz con sus uñas.
Hay tres cuerpos en un arcón.
Una estrella de cinco puntas sangra sin cesar
y se rinde a la muerte.
Cada sombra del hombre es un árbol.

GEOGRAFÍAS ABISALES

Tantos viajes cerca de tus párpados
para, finalmente, morir en acantilado.
Yo, que busqué la saliva de tu lengua,
hasta la raíz donde todo grita,
me dejo llevar por tu voz magnética
golpeando las ventanas de mis ojos.
Derramo el peso de la sangre
por los campos de la despedida, aquellos
que me enseñaron a decir tu nombre.
Necesito abrazarte por debajo del miedo
y quemar este pasado que huele a gasolina.
Trato de amar a las almas
en la soledad de los caminos.

DESMEMORIA

El poema abierto por un mordisco.
Estúpidamente he caído en tu trampa
de besos con lengua.
Pero te desvaneces en la luz temprana
como se desmenuza un secreto añejo.
No te fíes de la araña roja
si te ofrece apagar tu sed.
En el desierto de la soledad
es fácil perderse igual que un niño.
Solo déjame arder en esa lumbre
que encendiste por curiosidad.
Torpe y esquizofrénico,
apreté el gatillo del olvido.

EL ADOLESCENTE MARCHITO

«Que ya tu juventud está marchita
y no puedes amar —frase solemne,
más inútil, ¡oh, rubia margarita!—.
El amor es un lázaro perenne:
cuando apenas ha muerto, resucita»
AMADO NERVO, *PERLAS NEGRAS*

1. NACIONAL 301

Estabas aquí todo el tiempo, frente a mí, metido en ese maldito espejo, mirándome, como un tipo oscuro al que le debo algo.

Cuando no puedo escapar de mí mismo, me deleito devorándome. Tenía guardado un revolver dentro del cajón de la mesita color cerezo. Lo conservaba para defenderme o para suicidarme, según se tercie. Lo oculto por si las moscas, para decidir si voy a vivir un día más o no. Cuando crees que vas a morir pronto, escribes mejor. En el momento en el que te parece que se acerca el final, tu literatura es sublime. Aunque siempre temí más a la locura que a la muerte, pues me faltaron cojones para quitarme la vida, y la locura parece el cortocircuito que termina quemando el cerebro. Ahora estoy fuera del sillón cómodo y seguro. Me cubro las espaldas, vigilo mi culo.

Escribo porque aún me queda corazón, porque todavía respiro. Porque todas las cosas que amé, se proyectan en mi mente con tan solo pulsar la palabra exacta.

Crecí cerca de la carretera, en un pueblo pequeño. La carretera era como una larga serpiente de piel fría. Monté en un camión cisterna, de esos que iban hacia el norte. La carretera era azul, antigua y feroz. Fui lejos, muy lejos, equipado con una incómoda melancolía, pero con curiosidad, como los exploradores de sueños.

2. AMOR CON IBUPROFENO

—¿Cómo puedo llamarte?

—Gala.

—Yo me llamo Paul. Te amo desde los suburbios de mi corazón, con ese famélico aullido que eleva mi miseria. Entendí que el amor era eso: tocar con las yemas de mis dedos los delicados pétalos de tu alma. Sobrevivimos por los mapas que nos dejó el sufrimiento. Entonces pienso en mi estúpida manía de ordenar los libros por colores en las estanterías, porque eso me excita. Y al verte metida en la cama desnuda, tengo la necesidad de comerte el coño, como el pan de cada día. No he podido evitar complacerte, siendo tu saco de boxeo diario, o siendo el orinal donde vomitas tu cólera por las noches, porque te quiero, aunque soportar los demonios de otro nada tenga que ver con el amor. Quizá, puedas hacer algo conmigo, como limpiar este pedazo de mierda que soy yo sin tu abrazo.

La casa nos ha calado los huesos con su humedad, su soledad nos ha llegado hasta el tuétano. Te duele la tripa y sacas un cigarrillo rubio; lo compartes conmigo. Nos gusta fumar en silencio, pensando en nuestras pequeñas vidas. Creo que, en realidad, queremos ser eternos aprendices de lo mágico. Me ayudas a quitar los plásticos del tiempo, a romper la cáscara de lo cotidiano.

La rutina, a veces, huele a gasolina, y la quemas con tus cerillas. Le prendes fuego a las costumbres y te quedas ahí, ensimismada, mirando cómo arden, con tu extraña vocación de pirómana.

Con un colchón nos basta. La ventana que da a la calle está abierta. A pesar de que el mar aquí son tejados y antenas, naufragamos en un mar imaginado. Ese mar invisible nos lleva a golpe de ola hacia ningún lugar. Tenemos ventaja sobre la gente de cabeza cuadrada, porque nosotros todavía no hemos estrangulado nuestra infancia. Ellos poseen esa tendencia de hacerse mayores sin delicadeza, de envejecer sin sonrisa.

Gala, contigo me crecieron alas en los costados, como si quisieras que me convirtiera en un ángel. Pero yo no lo soy, porque los ángeles no tienen hambre ni sed, ni tienen miedo. Tú bebes de mi sangre lentamente, igual que una vampiresa sedienta, en la noche de las constelaciones salvajes. Ahora mismo, tengo una muesca más en el alma, porque el dolor es nuestro exceso de equipaje. Sé que antes tú te hacías cortes en los brazos, heridas superficiales, pero de esas que te dejan cicatriz. Porque quisiste mucho a una persona. Amaste a alguien más que a tu propia vida. Pero nunca fue un amor correspondido.

Después te marcaste a modo de advertencia, para que aquello no volviera a sucederte jamás.

El recuerdo de nuestra última discusión está enterrado en el jardín trasero, como un muerto custodiado tan solo por el ojo de una lombriz. Salgo al balcón. Hay ropa tendida al sol. Miro tus bragas rosas, secándose en el aire delicioso de la mañana. No tenemos nada que hacer ni añorar a nadie. Solamente me apetece besar tus labios pintados de carmín. Soltar lastre. Tomarme una pastilla para la jaqueca.

3. EL CAJÓN DE MIERDA

Siempre he intentado con todas mis fuerzas quererme de una puta vez. Porque existen las personas tóxicas. La indiferencia es el ácido que desfigura nuestro rostro (deberías saberlo ya). Una grita más en tu corazón y se acabó. El cuerpo revienta, se inmola sentimentalmente y adiós. Alguien cruel raptó nuestra inocencia. Habrá que pedir ayuda a los Detectives de Emociones. ¡Llámales!

Fuimos a casa de nuestro amigo Teo Siena, que vivía al otro lado del río. No pude evitar abrazarlo. El salón olía a tabaco de cachimba. Se escucha una dulce melodía de Chet Baker, en el vinilo ponía My Funny Valentine.

—¿Te gusta? —me preguntó con media sonrisa.

—Sí. Aunque yo soy más de Miles Davis.

Entonces cambió la música. Me puso la banda sonora de Ascensor para el cadalso. Joder, qué triste y hermosa era al mismo tiempo.

—Oye, Teo, ¿sabes que la viuda cubana ha vuelto a sacar otro libro?

—Deja ya esa puñetera competición de quién tiene publicadas más obras. No te preocupes por la cantidad, sino por la calidad, Paul.

—¡Tienes razón! Ojalá que las musas ninfómanas no me vuelvan a fallar.

Teo me lanzó una cerveza bien fría de importación y se tumbó en su cama de agua. Gala tocaba la piel de un tambor tunecino. Parecía un hada de luz con su blusa malva transparente.

Supongo que nuestro cajón de mierda es lo más parecido a una caja de Pandora, que encierra todos los males, pero que siempre alguien abría por curiosidad. Mis padres y yo, en algún tramo del camino, nos habíamos perdonado el orgullo; habíamos llegado olvidar el rencor de los últimos años. Aunque las heridas latentes existían todavía, en el más profundo abismo de nuestras atormentadas almas. Cada depresión contribuye a la mutilación del alma. Incluso después de muerto, se pueden oír a los gusanos comerse nuestras entrañas. En realidad, no sabemos nada.

La noche amontona todos los errores cometidos durante el día, creando esa suerte de monstruo al que llamamos Destino. Llevé mucho tiempo sobre mi espalda el peso del egoísmo y su cáscara áspera y solitaria. Alejé de mí a la gente que me quería (seguro que eso os suena). De repente, me encontré caminando por pueblos ficticios entre Xalapa y Chayana, allá donde las estatuas de los cementerios están llenas de hermosos fantasmas.

Entonces, sucedía que cuando se abría ese cajón oculto de la mente, la mierda te salpicaba; te ponía todo perdido, y el hedor molestaba a los demás. Había que limpiar la conciencia de tus malos actos, desinfectar con lejía y humildad nuestros trapos sucios, aplicar la verdad a nuestra gran mentira.

Teo tenía un ojo de cada color. Un ojo azul de su madre gallega y un ojo marrón de su padre andaluz. Tenía un hijo con su expareja que se llamaba Lázaro, que vivía en algún sitio de Jaén. Por las noches, mi amigo se alimentaba de hierba para poder dormir. Bromeaba todo el rato, pero él conocía mejor que nadie el significado de estar abatido, derrotado. No se puede escribir nada verdadero sin esa pegajosa tristeza del pasado; la tristeza, cual resina, se pegaba a la corteza de nuestra piel. Teo vivió un tiempo en una caravana de segunda mano color chocolate.

Mi padre, mecánico de coches, vagando como un alma errante por las galerías de mi hotel Memoria; vestido con un traje azul para ninguna fiesta; oliendo a su colonia favorita después del afeitado, un hombre Brummel. Su cara era una reliquia de la generación de bronce.

Mi madre, psicóloga infantil, que ejercía en el colegio local. Pintora amateur en sus ratos libres, puñados de óleos florales y de acuarelas marinas por las paredes. Complicada, soñadora, desafiante, se pasea como una espectral presencia en noches de luna llena, volviéndome los ojos amarillos.

Yo, que no merezco respirar, porque soy narcisista, lascivo y suicida. Que ansío ver mi maldita jeta estampada en un sello de correos, antes del fin.

4. PIEL DE TARÁNTULA

No quiero volver a pedir limosna en la puerta del Mercadona. No deseo una ducha rápida en Cáritas, ni que las monjas me den un bocadillo frío. No necesito ya una manta, para dormir en un cajero de La Caixa.

No me importaba si Gala se acostaba con Teo o no, porque nunca fuimos pareja, éramos libres de elegir. Ella era mi compañera de viaje, mi hermana de alma, mi camarada en el campo de batalla.

La gente sentía demasiado apego por todo. La humanidad era posesiva por naturaleza. Y el cuerpo de Gala se expandía ante nosotros, como un vasto universo de planetas por descubrir.

La melancolía ejercía su poder magnético sobre nuestras herrumbrosas almas. Éramos igual que viejos barcos de carga, abandonados a la deriva; su oscuridad nos iba bañando hasta casi hacernos desparecer. Pero incluso en la oscuridad más absoluta puedes encontrar la lejana luz de un faro. En alguna parte de mi jodida vida obtendré el consuelo que me falta, la paz que anhelo.

En el bochornoso verano de sábanas sudadas y de solitarios ventiladores, cada etapa de nuestras vidas mudábamos la piel como animales espantosos a riesgo de morir. Una temporada de avispas, de piscinas azules y olas de calor. Mi juventud enferma en el pueblo y su anciana concha. Palpo las paredes de esa extraña envoltura, con una sensación viscosa como de aceite residual. Un pueblo habitado por fantasmas que han olvidado hasta su propio nombre. Veo hombres y mujeres corriendo como insectos, bajo un cielo apocalíptico, lleno de explosiones carmesíes. Los recuerdos perdidos de mi infancia se agolpan en la desembocadura de los ojos, asomándose al balcón de la mirada. Ahora, sentado junto a los bebedores de licores blancos, sé que la libertad es poder elegir tu propia cárcel.

Estábamos fresquitos en el pub La Cueva. Era un refugio para nosotros. No había casi cobertura para el móvil. Las paredes estaban decoradas con fotos en blanco y negro. Había imágenes de hermosas campesinas, de rudos vendimiadores, de valientes segadores. Los asientos eran sillones viejos pero cómodos, forrados de un color fucsia. El dueño es un anarquista con un puro ladeado en la boca. El sótano estaba en semioscuridad. Gala me mira con ojos traviesos, se quita la sandalia, y su pie derecho, desnudo, juguetea con mi entrepierna, por debajo de la mesa redonda de cristal. Luego le acaricié con las yemas de mis dedos el tatuaje del cuello, llevaba una elegante libélula negra. A ella le daba pereza hablar de sus padres divorciados. Su madre, de origen irlandés, es maestra de inglés en un colegio privado. Su padre es un sindicalista pequeño y peludo con cara de simio. Gala tiene una hermana mayor. Se llama Raquel y cuando la despidieron de la oficina, se fue a vivir a un piso de okupas en Barcelona.

Esperamos la tormenta de verano. La lluvia nos dará una tregua. Aliviará el escozor de las heridas abiertas. Nos volverá eléctricos, y todo lo aprendido hará crecer nuestras alas, hasta convertirse en un bello monstruo.

Llevaba encima mi cuaderno de poemas bien doblado, con las páginas manchadas de café y tabaco, con las tapas color vainilla, gastadas por el roce del bolsillo.

Me puse a escribir, pensando en los bares que me echaron por usarlos de oficina. Mientras las chicas bailaban en un pequeño rincón, escribía perdiendo la noción del tiempo. Porque un poema es un rastro de polvo. En ese rastro me dejaba yo la piel, el pellejo, la envoltura carnal y, más adelante, me desprendía de la osamenta, del armazón, del osario de mis muertos.

De pronto, sentí las suaves manos de Gala tapándome los ojos, susurrándome al oído:

—Estoy celosa de tu poesía. Te absorbe como una esponja, te aleja de mí. Secuestra tu mente.

—No es cierto. ¿Sabes una cosa?

—¿Qué?

—Algunas veces, cuando tú estás dormida, le hablo a tu vagina, a tus tripas, a tu corazón, y me dicen que estás loca.

Ella soltó una risa diabólica y me besó, como si a través de su saliva me inoculara algún misterioso veneno con sabor agridulce. Y el tatuaje de su libélula negra parecía moverse y adquirir vida propia.

5. LA HIDRA INTERIOR

He pasado tanto tiempo mirando al abismo, que ya no tengo miedo a morir. He destruido la mayoría de mis poemas, sin darles la mínima oportunidad de que vieran la luz. Esa etiqueta de «malditismo» que los críticos me pusieron en la solapa de la chaqueta me persiguió durante toda mi vida, obligándome a marginarme de la sociedad superficial. Aunque sospecho que dejar de escribir significaría «en absoluto olvido». Normalmente, tenemos una percepción estúpida de las cosas que nos rodean. Concebimos el mundo equivocadamente, y este pueblo puede desgarrarte el corazón, petrificarte con los ojos de un gigantesco basilisco.

Hoy Gala cumple dieciséis años y me observa con esa mirada felina sin domesticar que la caracteriza. Porque la mirada es el lenguaje del silencio, el idioma de los sentimientos, la palabra del alma. Ella me coge la mano amorosamente, y me guía hacia la casa de su amiga Elena, quien nos recibe contenta en su chalet del campo. Su amiga tiene unos ojos azul zafiro, la piel albina y sus labios delgados con carmín rosado. Teo estaba sentado en una silla plegable al lado de la piscina. Llevaba un bañador color café y una camiseta negra de Nirvana. El agua de la piscina brillaba como un espejo con luna creciente. En la radio sonaba una pieza de jazz y chill out, mientras desde la cocina llegaba un olor a incienso. Huele a canela.

Cenamos pizza hawaiana y Teo abrió una botella de vino tinto de Valdepeñas. Teo y Elena estaban acostumbrados a hacer el amor con música suave de Chicago o de los Eagles. La música siempre ha sido su vehículo para escapar de los problemas. Me imaginaba sus cuerpos entrelazados, entrando en una especie de trance místico, hasta alcanzar el clímax. Eso me daba cierto morbo, ver la clara piel de Elena acariciada por otras manos... Pero Gala volvió a captar mi atención, metiéndose en el agua sin sostén, tan solo con la camiseta blanca, en la que se notaban perfectamente los pezones erectos. Entonces la envolví con una toalla. Le entregué mi regalo metido en una bolsita color berenjena. Ella sacó cuidadosamente con la punta de sus dedos un precioso atrapasueños de cobre y plata. Le dije que era para que no tuviera pesadillas en las noches de insomnio. Sorprendida por el detalle, le asaltó aquel recuerdo infantil de la cabaña de su abuelo, del chocolate con picatostes que le preparaba los domingos, del enorme atrapasueños de cuero que colgaba frente a su cama, bendecido por los indios. Y ahora, volviendo al presente, por fin sonrió.

Hacia la medianoche, comenzó a encontrarse mal y nos fuimos a casa. Paseamos por un camino de álamos blancos. Empujados por una leve brisa, descendimos la cuesta. Las estrellas parecían seguirnos con miles de ojos de insectos colgados del cielo. Nos tumbamos sobre el césped de un pequeño parque, con una fuente sin agua.

Nos besamos y yo tenía la necesidad de arrancarle la ropa con violencia. Levanté su falda con mi mano derecha, recorrí sus muslos, pero ella me sujetó con fuerza y negó con la cabeza. Insistí y metí la mano bajo sus bragas. De pronto, noté la sangre de su regla mojando mis dedos. Al mirarlos, me quedé absorto, en una mezcla de asco y fascinación por aquel rojo tan vivo. Me sinceré con ella:

—Gala, tengo que decirte una cosa importante.

—Dime. ¿Estás enfadado?

—No. Es solo que hoy recibí una llamada de mi hermano. Me ha dicho que me han concedido un premio de poesía a nivel nacional.

—¿Te van a dar dinero? —preguntó Gala, nerviosa.

—No. Es como una beca. Me obsequian con un curso en una prestigiosa escuela de escritores.

—Entonces, ¿te vas a ir?

—Sí. Es en el Hotel Hemingway, en Madrid.

—Pues eso me pone supertriste, pero tienes que ir. Lo entiendo. Es tu sueño, Paul.

La abracé fuerte, como si fuera a perderla en cualquier momento, pero ella ya no podía mirarme a los ojos sin derramar una lágrima.

Las estrellas habían sido cubiertas por nubes. La oscuridad se derramaba sobre la cúpula plateada de la iglesia, cubriéndola de tinta negra, como si se tratara de un gigantesco calamar. Yo me sentía una criatura prohibida con luminosos tentáculos. Y Gala siempre sería testigo de mi transformación. Siempre sería mi flor de sangre.

Índice